Dieses Buch gehört

MONATSPLANER

Monatsziele

*
*
*
*
*
*
*

Termine

*
*
*
*
*
*
*

Veranstaltungen

*
*
*
*
*
*
*

Notizen

*
*
*
*
*
*
*

Woche 1

Woche 2

Woche 3

Woche 4

Woche 5

Übersicht

MONATSPLANER

Monatsziele

*
*
*
*
*
*
*

Termine

*
*
*
*
*
*
*

Veranstaltungen

*
*
*
*
*
*
*

Notizen

*
*
*
*
*
*
*

Woche 1

Woche 2

Woche 3

Woche 4

Woche 5

Übersicht

MONATSPLANER

Monat

Monatsziele

*
*
*
*
*
*
*

Termine

*
*
*
*
*
*
*

Veranstaltungen

*
*
*
*
*
*
*

Notizen

*
*
*
*
*
*
*

Woche 1

Woche 2

Woche 3

Woche 4

Woche 5

Übersicht

MONATSPLANER

Monatsziele

*
*
*
*
*
*
*

Termine

*
*
*
*
*
*
*

Veranstaltungen

*
*
*
*
*
*
*

Notizen

*
*
*
*
*
*
*

Woche 1

Woche 2

Woche 3

Woche 4

Woche 5

Übersicht

MONATSPLANER

Monat

Monatsziele

*
*
*
*
*
*
*

Termine

*
*
*
*
*
*
*

Veranstaltungen

*
*
*
*
*
*
*

Notizen

*
*
*
*
*
*
*

Woche 1

Woche 2

Woche 3

Woche 4

Woche 5

Übersicht

MONATSPLANER

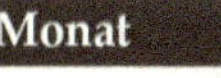

Monat

Monatsziele

*
*
*
*
*
*
*

Termine

*
*
*
*
*
*
*

Veranstaltungen

*
*
*
*
*
*
*

Notizen

*
*
*
*
*
*
*

Woche 1

Woche 2

Woche 3

Woche 4

Woche 5

Übersicht

MONATSPLANER

Monat

Monatsziele

*
*
*
*
*
*
*

Termine

*
*
*
*
*
*
*

Veranstaltungen

*
*
*
*
*
*
*

Notizen

*
*
*
*
*
*
*

Woche 1

Woche 2

Woche 3

Woche 4

Woche 5

Übersicht

MONATSPLANER

Monat

Monatsziele

*
*
*
*
*
*
*

Termine

*
*
*
*
*
*
*

Veranstaltungen

*
*
*
*
*
*
*

Notizen

*
*
*
*
*
*
*

Woche 1

Woche 2

Woche 3

Woche 4

Woche 5

Übersicht

MONATSPLANER

Monat

Monatsziele

*
*
*
*
*
*
*

Termine

*
*
*
*
*
*
*

Veranstaltungen

*
*
*
*
*
*
*

Notizen

*
*
*
*
*
*
*

Woche 1

Woche 2

Woche 3

Woche 4

Woche 5

Übersicht

MONATSPLANER

Monat

Monatsziele

*
*
*
*
*
*
*

Termine

*
*
*
*
*
*
*

Veranstaltungen

*
*
*
*
*
*
*

Notizen

*
*
*
*
*
*
*

Woche 1

Woche 2

Woche 3

Woche 4

Woche 5

Übersicht

MONATSPLANER

Monat

Monatsziele

*
*
*
*
*
*
*

Termine

*
*
*
*
*
*
*

Veranstaltungen

*
*
*
*
*
*
*

Notizen

*
*
*
*
*
*
*

Woche 1

Woche 2

Woche 3

Woche 4

Woche 5

Übersicht

MONATSPLANER

Monat

Monatsziele

*
*
*
*
*
*
*

Termine

*
*
*
*
*
*
*

Veranstaltungen

*
*
*
*
*
*
*

Notizen

*
*
*
*
*
*
*

Woche 1

Woche 2

Woche 3

Woche 4

Woche 5

Übersicht

MONATSPLANER

Monat

Monatsziele

*
*
*
*
*
*
*

Termine

*
*
*
*
*
*
*

Veranstaltungen

*
*
*
*
*
*
*

Notizen

*
*
*
*
*
*
*

Woche 1

Woche 2

Woche 3

Woche 4

Woche 5

Übersicht

MONATSPLANER

Monat

Monatsziele

*
*
*
*
*
*
*

Termine

*
*
*
*
*
*
*

Veranstaltungen

*
*
*
*
*
*
*

Notizen

*
*
*
*
*
*
*

Woche 1

Woche 2

Woche 3

Woche 4

Woche 5

Übersicht

MONATSPLANER

Monat

Monatsziele

*
*
*
*
*
*
*

Termine

*
*
*
*
*
*
*

Veranstaltungen

*
*
*
*
*
*
*

Notizen

*
*
*
*
*
*
*

Woche 1

Woche 2

Woche 3

Woche 4

Woche 5

Übersicht

MONATSPLANER

Monatsziele

*
*
*
*
*
*
*

Termine

*
*
*
*
*
*
*

Veranstaltungen

*
*
*
*
*
*
*

Notizen

*
*
*
*
*
*
*

Woche 1

Woche 2

Woche 3

Woche 4

Woche 5

Übersicht

MONATSPLANER

Monat

Monatsziele

*
*
*
*
*
*
*

Termine

*
*
*
*
*
*
*

Veranstaltungen

*
*
*
*
*
*
*

Notizen

*
*
*
*
*
*
*

Woche 1

Woche 2

Woche 3

Woche 4

Woche 5

Übersicht

MONATSPLANER

Monat

Monatsziele

*
*
*
*
*
*
*

Termine

*
*
*
*
*
*
*

Veranstaltungen

*
*
*
*
*
*
*

Notizen

*
*
*
*
*
*
*

Woche 1

Woche 2

Woche 3

Woche 4

Woche 5

Übersicht

MONATSPLANER

Monat

Monatsziele

*
*
*
*
*
*
*

Termine

*
*
*
*
*
*
*

Veranstaltungen

*
*
*
*
*
*
*

Notizen

*
*
*
*
*
*
*

Woche 1

Woche 2

Woche 3

Woche 4

Woche 5

Übersicht

MONATSPLANER

Monatsziele

*
*
*
*
*
*
*

Termine

*
*
*
*
*
*
*

Veranstaltungen

*
*
*
*
*
*
*

Notizen

*
*
*
*
*
*
*

Woche 1

Woche 2

Woche 3

Woche 4

Woche 5

Übersicht

MONATSPLANER

Monat

Monatsziele

*
*
*
*
*
*
*

Termine

*
*
*
*
*
*
*

Veranstaltungen

*
*
*
*
*
*
*

Notizen

*
*
*
*
*
*
*

Woche 1

Woche 2

Woche 3

Woche 4

Woche 5

Übersicht

MONATSPLANER

Monat

Monatsziele

*
*
*
*
*
*
*

Termine

*
*
*
*
*
*
*

Veranstaltungen

*
*
*
*
*
*
*

Notizen

*
*
*
*
*
*
*

Woche 1

Woche 2

Woche 3

Woche 4

Woche 5

Übersicht

MONATSPLANER

Monat

Monatsziele

*
*
*
*
*
*
*

Termine

*
*
*
*
*
*
*

Veranstaltungen

*
*
*
*
*
*
*

Notizen

*
*
*
*
*
*
*

Woche 1

Woche 2

Woche 3

Woche 4

Woche 5

Übersicht

MONATSPLANER

Monatsziele

*
*
*
*
*
*
*

Termine

*
*
*
*
*
*
*

Veranstaltungen

*
*
*
*
*
*
*

Notizen

*
*
*
*
*
*
*

Woche 1

Woche 2

Woche 3

Woche 4

Woche 5

Übersicht

MONATSPLANER

Monat

Monatsziele

*
*
*
*
*
*
*

Termine

*
*
*
*
*
*
*

Veranstaltungen

*
*
*
*
*
*
*

Notizen

*
*
*
*
*
*
*

Woche 1

Woche 2

Woche 3

Woche 4

Woche 5

Übersicht

MONATSPLANER

Monatsziele

*
*
*
*
*
*
*

Termine

*
*
*
*
*
*
*

Veranstaltungen

*
*
*
*
*
*
*

Notizen

*
*
*
*
*
*
*

Woche 1

Woche 2

Woche 3

Woche 4

Woche 5

Übersicht

MONATSPLANER

Monat

Monatsziele

*
*
*
*
*
*
*

Termine

*
*
*
*
*
*
*

Veranstaltungen

*
*
*
*
*
*
*

Notizen

*
*
*
*
*
*
*

Woche 1

Woche 2

Woche 3

Woche 4

Woche 5

Übersicht

MONATSPLANER

Monat

Monatsziele

*
*
*
*
*
*
*

Termine

*
*
*
*
*
*
*

Veranstaltungen

*
*
*
*
*
*
*

Notizen

*
*
*
*
*
*
*

Woche 1

Woche 2

Woche 3

Woche 4

Woche 5

Übersicht

MONATSPLANER

Monat

Monatsziele

*
*
*
*
*
*
*

Termine

*
*
*
*
*
*
*

Veranstaltungen

*
*
*
*
*
*
*

Notizen

*
*
*
*
*
*
*

Woche 1

Woche 2

Woche 3

Woche 4

Woche 5

Übersicht

MONATSPLANER

Monatsziele

*
*
*
*
*
*
*

Termine

*
*
*
*
*
*
*

Veranstaltungen

*
*
*
*
*
*
*

Notizen

*
*
*
*
*
*
*

Woche 1

Woche 2

Woche 3

Woche 4

Woche 5

Übersicht

MONATSPLANER

Monat

Monatsziele

*
*
*
*
*
*
*

Termine

*
*
*
*
*
*
*

Veranstaltungen

*
*
*
*
*
*
*

Notizen

*
*
*
*
*
*
*

Woche 1

Woche 2

Woche 3

Woche 4

Woche 5

Übersicht

MONATSPLANER

Monat

Monatsziele

*
*
*
*
*
*
*

Termine

*
*
*
*
*
*
*

Veranstaltungen

*
*
*
*
*
*
*

Notizen

*
*
*
*
*
*
*

Woche 1

Woche 2

Woche 3

Woche 4

Woche 5

Übersicht

MONATSPLANER

Monat

Monatsziele

*
*
*
*
*
*
*

Termine

*
*
*
*
*
*
*

Veranstaltungen

*
*
*
*
*
*
*

Notizen

*
*
*
*
*
*
*

Woche 1

Woche 2

Woche 3

Woche 4

Woche 5

Übersicht

MONATSPLANER

Monatsziele

*
*
*
*
*
*
*

Termine

*
*
*
*
*
*
*

Veranstaltungen

*
*
*
*
*
*
*

Notizen

*
*
*
*
*
*
*

Woche 1

Woche 2

Woche 3

Woche 4

Woche 5

Übersicht

MONATSPLANER

Monat

Monatsziele

*
*
*
*
*
*
*

Termine

*
*
*
*
*
*
*

Veranstaltungen

*
*
*
*
*
*
*

Notizen

*
*
*
*
*
*
*

Woche 1

Woche 2

Woche 3

Woche 4

Woche 5

Übersicht

MONATSPLANER

Monatsziele

*
*
*
*
*
*
*

Termine

*
*
*
*
*
*
*

Veranstaltungen

*
*
*
*
*
*
*

Notizen

*
*
*
*
*
*
*

Woche 1

Woche 2

Woche 3

Woche 4

Woche 5

Übersicht

MONATSPLANER

Monat

Monatsziele

*
*
*
*
*
*
*

Termine

*
*
*
*
*
*
*

Veranstaltungen

*
*
*
*
*
*
*

Notizen

*
*
*
*
*
*
*

Woche 1

Woche 2

Woche 3

Woche 4

Woche 5

Übersicht

MONATSPLANER

Monatsziele

*
*
*
*
*
*
*

Termine

*
*
*
*
*
*
*

Veranstaltungen

*
*
*
*
*
*
*

Notizen

*
*
*
*
*
*
*

Woche 1

Woche 2

Woche 3

Woche 4

Woche 5

Übersicht

MONATSPLANER

Monat

Monatsziele

*
*
*
*
*
*
*

Termine

*
*
*
*
*
*
*

Veranstaltungen

*
*
*
*
*
*
*

Notizen

*
*
*
*
*
*
*

Woche 1

Woche 2

Woche 3

Woche 4

Woche 5

Übersicht

MONATSPLANER

Monat

Monatsziele

*
*
*
*
*
*
*

Termine

*
*
*
*
*
*
*

Veranstaltungen

*
*
*
*
*
*
*

Notizen

*
*
*
*
*
*
*

Woche 1

Woche 2

Woche 3

Woche 4

Woche 5

Übersicht

MONATSPLANER

Monat

Monatsziele

*
*
*
*
*
*
*

Termine

*
*
*
*
*
*
*

Veranstaltungen

*
*
*
*
*
*
*

Notizen

*
*
*
*
*
*
*

Woche 1

Woche 2

Woche 3

Woche 4

Woche 5

Übersicht

MONATSPLANER

Monatsziele

*
*
*
*
*
*
*

Termine

*
*
*
*
*
*
*

Veranstaltungen

*
*
*
*
*
*
*

Notizen

*
*
*
*
*
*
*

Woche 1

Woche 2

Woche 3

Woche 4

Woche 5

Übersicht

MONATSPLANER

Monat

Monatsziele

*
*
*
*
*
*
*

Termine

*
*
*
*
*
*
*

Veranstaltungen

*
*
*
*
*
*
*

Notizen

*
*
*
*
*
*
*

Woche 1

Woche 2

Woche 3

Woche 4

Woche 5

Übersicht

MONATSPLANER

Monatsziele

*
*
*
*
*
*
*

Termine

*
*
*
*
*
*
*

Veranstaltungen

*
*
*
*
*
*
*

Notizen

*
*
*
*
*
*
*

Woche 1

Woche 2

Woche 3

Woche 4

Woche 5

Übersicht

MONATSPLANER

Monat

Monatsziele

*
*
*
*
*
*
*

Termine

*
*
*
*
*
*
*

Veranstaltungen

*
*
*
*
*
*
*

Notizen

*
*
*
*
*
*
*

Woche 1

Woche 2

Woche 3

Woche 4

Woche 5

Übersicht

MONATSPLANER

Monat

Monatsziele

*
*
*
*
*
*
*

Termine

*
*
*
*
*
*
*

Veranstaltungen

*
*
*
*
*
*
*

Notizen

*
*
*
*
*
*
*

Woche 1

Woche 2

Woche 3

Woche 4

Woche 5

Übersicht

MONATSPLANER

Monat

Monatsziele

*
*
*
*
*
*
*

Termine

*
*
*
*
*
*
*

Veranstaltungen

*
*
*
*
*
*
*

Notizen

*
*
*
*
*
*
*

Woche 1

Woche 2

Woche 3

Woche 4

Woche 5

Übersicht

MONATSPLANER

Monatsziele

*
*
*
*
*
*
*

Termine

*
*
*
*
*
*
*

Veranstaltungen

*
*
*
*
*
*
*

Notizen

*
*
*
*
*
*
*

Woche 1

Woche 2

Woche 3

Woche 4

Woche 5

Übersicht

MONATSPLANER

Monat

Monatsziele

*
*
*
*
*
*
*

Termine

*
*
*
*
*
*
*

Veranstaltungen

*
*
*
*
*
*
*

Notizen

*
*
*
*
*
*
*

Woche 1

Woche 2

Woche 3

Woche 4

Woche 5

Übersicht

MONATSPLANER

Monat

Monatsziele

*
*
*
*
*
*
*

Termine

*
*
*
*
*
*
*

Veranstaltungen

*
*
*
*
*
*
*

Notizen

*
*
*
*
*
*
*

Woche 1

Woche 2

Woche 3

Woche 4

Woche 5

Übersicht

MONATSPLANER

Monat

Monatsziele

*
*
*
*
*
*
*

Termine

*
*
*
*
*
*
*

Veranstaltungen

*
*
*
*
*
*
*

Notizen

*
*
*
*
*
*
*

Woche 1

Woche 2

Woche 3

Woche 4

Woche 5

Übersicht

MONATSPLANER

Monat

Monatsziele

*
*
*
*
*
*
*

Termine

*
*
*
*
*
*
*

Veranstaltungen

*
*
*
*
*
*
*

Notizen

*
*
*
*
*
*
*

Woche 1

Woche 2

Woche 3

Woche 4

Woche 5

Übersicht

MONATSPLANER

Monat

Monatsziele

*
*
*
*
*
*
*

Termine

*
*
*
*
*
*
*

Veranstaltungen

*
*
*
*
*
*
*

Notizen

*
*
*
*
*
*
*

Woche 1

Woche 2

Woche 3

Woche 4

Woche 5

Übersicht

MONATSPLANER

Monatsziele

*
*
*
*
*
*
*

Termine

*
*
*
*
*
*
*

Veranstaltungen

*
*
*
*
*
*
*

Notizen

*
*
*
*
*
*
*

Woche 1

Woche 2

Woche 3

Woche 4

Woche 5

Übersicht

MONATSPLANER

Monat

Monatsziele

*
*
*
*
*
*
*

Termine

*
*
*
*
*
*
*

Veranstaltungen

*
*
*
*
*
*
*

Notizen

*
*
*
*
*
*
*

Woche 1

Woche 2

Woche 3

Woche 4

Woche 5

Übersicht

MONATSPLANER

Monat

Monatsziele

*
*
*
*
*
*
*

Termine

*
*
*
*
*
*
*

Veranstaltungen

*
*
*
*
*
*
*

Notizen

*
*
*
*
*
*
*

Woche 1

Woche 2

Woche 3

Woche 4

Woche 5

Übersicht

MONATSPLANER

Monat

Monatsziele

*
*
*
*
*
*
*

Termine

*
*
*
*
*
*
*

Veranstaltungen

*
*
*
*
*
*
*

Notizen

*
*
*
*
*
*
*

Woche 1

Woche 2

Woche 3

Woche 4

Woche 5

Übersicht

MONATSPLANER

Monatsziele

*
*
*
*
*
*
*

Termine

*
*
*
*
*
*
*

Veranstaltungen

*
*
*
*
*
*
*

Notizen

*
*
*
*
*
*
*

Woche 1

Woche 2

Woche 3

Woche 4

Woche 5

Übersicht

MONATSPLANER

Monat

Monatsziele

*
*
*
*
*
*
*

Termine

*
*
*
*
*
*
*

Veranstaltungen

*
*
*
*
*
*
*

Notizen

*
*
*
*
*
*
*

Woche 1

Woche 2

Woche 3

Woche 4

Woche 5

Übersicht

MONATSPLANER

Monatsziele

*
*
*
*
*
*
*

Termine

*
*
*
*
*
*
*

Veranstaltungen

*
*
*
*
*
*
*

Notizen

*
*
*
*
*
*
*

Woche 1

Woche 2

Woche 3

Woche 4

Woche 5

Übersicht

MONATSPLANER

Monat

Monatsziele

*
*
*
*
*
*
*

Termine

*
*
*
*
*
*
*

Veranstaltungen

*
*
*
*
*
*
*

Notizen

*
*
*
*
*
*
*

Woche 1

Woche 2

Woche 3

Woche 4

Woche 5

Übersicht

MONATSPLANER

Monatsziele

*
*
*
*
*
*
*

Termine

*
*
*
*
*
*
*

Veranstaltungen

*
*
*
*
*
*
*

Notizen

*
*
*
*
*
*
*

Woche 1

Woche 2

Woche 3

Woche 4

Woche 5

Übersicht

MONATSPLANER

Monat

Monatsziele

*
*
*
*
*
*
*

Termine

*
*
*
*
*
*
*

Veranstaltungen

*
*
*
*
*
*
*

Notizen

*
*
*
*
*
*
*

Woche 1

Woche 2

Woche 3

Woche 4

Woche 5

Übersicht

MONATSPLANER

Monatsziele

*
*
*
*
*
*
*

Termine

*
*
*
*
*
*
*

Veranstaltungen

*
*
*
*
*
*
*

Notizen

*
*
*
*
*
*
*

Woche 1

Woche 2

Woche 3

Woche 4

Woche 5

Übersicht

MONATSPLANER

Monat

Monatsziele

*
*
*
*
*
*
*

Termine

*
*
*
*
*
*
*

Veranstaltungen

*
*
*
*
*
*
*

Notizen

*
*
*
*
*
*
*

Woche 1

Woche 2

Woche 3

Woche 4

Woche 5

Übersicht

MONATSPLANER

Monat

Monatsziele

*
*
*
*
*
*
*

Termine

*
*
*
*
*
*
*

Veranstaltungen

*
*
*
*
*
*
*

Notizen

*
*
*
*
*
*
*

Woche 1

Woche 2

Woche 3

Woche 4

Woche 5

Übersicht

MONATSPLANER

Monat

Monatsziele

*
*
*
*
*
*
*

Termine

*
*
*
*
*
*
*

Veranstaltungen

*
*
*
*
*
*
*

Notizen

*
*
*
*
*
*
*

Woche 1

Woche 2

Woche 3

Woche 4

Woche 5

Übersicht

MONATSPLANER

Monat

Monatsziele

*
*
*
*
*
*
*

Termine

*
*
*
*
*
*
*

Veranstaltungen

*
*
*
*
*
*
*

Notizen

*
*
*
*
*
*
*

Woche 1

Woche 2

Woche 3

Woche 4

Woche 5

Übersicht

MONATSPLANER

Monat

Monatsziele

*
*
*
*
*
*
*

Termine

*
*
*
*
*
*
*

Veranstaltungen

*
*
*
*
*
*
*

Notizen

*
*
*
*
*
*
*

Woche 1

Woche 2

Woche 3

Woche 4

Woche 5

Übersicht

MONATSPLANER

Monat

Monatsziele

*
*
*
*
*
*
*

Termine

*
*
*
*
*
*
*

Veranstaltungen

*
*
*
*
*
*
*

Notizen

*
*
*
*
*
*
*

Woche 1

Woche 2

Woche 3

Woche 4

Woche 5

Übersicht

MONATSPLANER

Monat

Monatsziele

*
*
*
*
*
*
*

Termine

*
*
*
*
*
*
*

Veranstaltungen

*
*
*
*
*
*
*

Notizen

*
*
*
*
*
*
*

Woche 1

Woche 2

Woche 3

Woche 4

Woche 5

Übersicht

MONATSPLANER

Monat

Monatsziele

*
*
*
*
*
*
*

Termine

*
*
*
*
*
*
*

Veranstaltungen

*
*
*
*
*
*
*

Notizen

*
*
*
*
*
*
*

Woche 1

Woche 2

Woche 3

Woche 4

Woche 5

Übersicht

MONATSPLANER

Monat

Monatsziele

*
*
*
*
*
*
*

Termine

*
*
*
*
*
*
*

Veranstaltungen

*
*
*
*
*
*
*

Notizen

*
*
*
*
*
*
*

Woche 1

Woche 2

Woche 3

Woche 4

Woche 5

Übersicht

MONATSPLANER

Monatsziele

*
*
*
*
*
*
*

Termine

*
*
*
*
*
*
*

Veranstaltungen

*
*
*
*
*
*
*

Notizen

*
*
*
*
*
*
*

Woche 1

Woche 2

Woche 3

Woche 4

Woche 5

Übersicht

MONATSPLANER

Monat

Monatsziele

*
*
*
*
*
*
*

Termine

*
*
*
*
*
*
*

Veranstaltungen

*
*
*
*
*
*
*

Notizen

*
*
*
*
*
*
*

Woche 1

Woche 2

Woche 3

Woche 4

Woche 5

Übersicht

MONATSPLANER

Monat

Monatsziele

*
*
*
*
*
*
*

Termine

*
*
*
*
*
*
*

Veranstaltungen

*
*
*
*
*
*
*

Notizen

*
*
*
*
*
*
*

Woche 1

Woche 2

Woche 3

Woche 4

Woche 5

Übersicht

MONATSPLANER

Monat

Monatsziele

*
*
*
*
*
*
*

Termine

*
*
*
*
*
*
*

Veranstaltungen

*
*
*
*
*
*
*

Notizen

*
*
*
*
*
*
*

Woche 1

Woche 2

Woche 3

Woche 4

Woche 5

Übersicht

MONATSPLANER

Monatsziele

*
*
*
*
*
*
*

Termine

*
*
*
*
*
*
*

Veranstaltungen

*
*
*
*
*
*
*

Notizen

*
*
*
*
*
*
*

Woche 1

Woche 2

Woche 3

Woche 4

Woche 5

Übersicht

MONATSPLANER

Monatsziele

*
*
*
*
*
*
*

Termine

*
*
*
*
*
*
*

Veranstaltungen

*
*
*
*
*
*
*

Notizen

*
*
*
*
*
*
*

Woche 1

Woche 2

Woche 3

Woche 4

Woche 5

Übersicht

MONATSPLANER

Monat

Monatsziele

*
*
*
*
*
*
*

Termine

*
*
*
*
*
*
*

Veranstaltungen

*
*
*
*
*
*
*

Notizen

*
*
*
*
*
*
*

Woche 1

Woche 2

Woche 3

Woche 4

Woche 5

Übersicht

MONATSPLANER

Monat

Monatsziele

*
*
*
*
*
*
*

Termine

*
*
*
*
*
*
*

Veranstaltungen

*
*
*
*
*
*
*

Notizen

*
*
*
*
*
*
*

Woche 1

Woche 2

Woche 3

Woche 4

Woche 5

Übersicht

MONATSPLANER

Monatsziele

*
*
*
*
*
*
*

Termine

*
*
*
*
*
*
*

Veranstaltungen

*
*
*
*
*
*
*

Notizen

*
*
*
*
*
*
*

Woche 1

Woche 2

Woche 3

Woche 4

Woche 5

Übersicht

MONATSPLANER

Monat

Monatsziele

*
*
*
*
*
*
*

Termine

*
*
*
*
*
*
*

Veranstaltungen

*
*
*
*
*
*
*

Notizen

*
*
*
*
*
*
*

Woche 1

Woche 2

Woche 3

Woche 4

Woche 5

Übersicht

MONATSPLANER

Monatsziele

*
*
*
*
*
*
*

Termine

*
*
*
*
*
*
*

Veranstaltungen

*
*
*
*
*
*
*

Notizen

*
*
*
*
*
*
*

Woche 1

Woche 2

Woche 3

Woche 4

Woche 5

Übersicht

MONATSPLANER

Monatsziele

*
*
*
*
*
*
*

Termine

*
*
*
*
*
*
*

Veranstaltungen

*
*
*
*
*
*
*

Notizen

*
*
*
*
*
*
*

Woche 1

Woche 2

Woche 3

Woche 4

Woche 5

Übersicht

MONATSPLANER

Monat

Monatsziele

*
*
*
*
*
*
*

Termine

*
*
*
*
*
*
*

Veranstaltungen

*
*
*
*
*
*
*

Notizen

*
*
*
*
*
*
*

Woche 1

Woche 2

Woche 3

Woche 4

Woche 5

Übersicht

MONATSPLANER

Monat

Monatsziele

*
*
*
*
*
*
*

Termine

*
*
*
*
*
*
*

Veranstaltungen

*
*
*
*
*
*
*

Notizen

*
*
*
*
*
*
*

Woche 1

Woche 2

Woche 3

Woche 4

Woche 5

Übersicht

MONATSPLANER

Monatsziele

*
*
*
*
*
*
*

Termine

*
*
*
*
*
*
*

Veranstaltungen

*
*
*
*
*
*
*

Notizen

*
*
*
*
*
*
*

Woche 1

Woche 2

Woche 3

Woche 4

Woche 5

Übersicht

MONATSPLANER

Monat

Monatsziele

*
*
*
*
*
*
*

Termine

*
*
*
*
*
*
*

Veranstaltungen

*
*
*
*
*
*
*

Notizen

*
*
*
*
*
*
*

Woche 1

Woche 2

Woche 3

Woche 4

Woche 5

Übersicht

MONATSPLANER

Monat

Monatsziele

*
*
*
*
*
*
*

Termine

*
*
*
*
*
*
*

Veranstaltungen

*
*
*
*
*
*
*

Notizen

*
*
*
*
*
*
*

Woche 1

Woche 2

Woche 3

Woche 4

Woche 5

Übersicht

MONATSPLANER

Monat

Monatsziele

*
*
*
*
*
*
*

Termine

*
*
*
*
*
*
*

Veranstaltungen

*
*
*
*
*
*
*

Notizen

*
*
*
*
*
*
*

Woche 1

Woche 2

Woche 3

Woche 4

Woche 5

Übersicht

MONATSPLANER

Monat

Monatsziele

*
*
*
*
*
*
*

Termine

*
*
*
*
*
*
*

Veranstaltungen

*
*
*
*
*
*
*

Notizen

*
*
*
*
*
*
*

Woche 1

Woche 2

Woche 3

Woche 4

Woche 5

Übersicht

MONATSPLANER

Monat

Monatsziele

*
*
*
*
*
*
*

Termine

*
*
*
*
*
*
*

Veranstaltungen

*
*
*
*
*
*
*

Notizen

*
*
*
*
*
*
*

Woche 1

Woche 2

Woche 3

Woche 4

Woche 5

Übersicht

MONATSPLANER

Monatsziele

*
*
*
*
*
*
*

Termine

*
*
*
*
*
*
*

Veranstaltungen

*
*
*
*
*
*
*

Notizen

*
*
*
*
*
*
*

Woche 1

Woche 2

Woche 3

Woche 4

Woche 5

Übersicht

MONATSPLANER

Monat

Monatsziele

*
*
*
*
*
*
*

Termine

*
*
*
*
*
*
*

Veranstaltungen

*
*
*
*
*
*
*

Notizen

*
*
*
*
*
*
*

Woche 1

Woche 2

Woche 3

Woche 4

Woche 5

Übersicht

MONATSPLANER

Monatsziele

*
*
*
*
*
*
*

Termine

*
*
*
*
*
*
*

Veranstaltungen

*
*
*
*
*
*
*

Notizen

*
*
*
*
*
*
*

Woche 1

Woche 2

Woche 3

Woche 4

Woche 5

Übersicht

MONATSPLANER

Monat

Monatsziele

*
*
*
*
*
*
*

Termine

*
*
*
*
*
*
*

Veranstaltungen

*
*
*
*
*
*
*

Notizen

*
*
*
*
*
*
*

Woche 1

Woche 2

Woche 3

Woche 4

Woche 5

Übersicht

MONATSPLANER

Monat

Monatsziele

*
*
*
*
*
*
*

Termine

*
*
*
*
*
*
*

Veranstaltungen

*
*
*
*
*
*
*

Notizen

*
*
*
*
*
*
*

Woche 1

Woche 2

Woche 3

Woche 4

Woche 5

Übersicht

MONATSPLANER

Monat

Monatsziele

*
*
*
*
*
*
*

Termine

*
*
*
*
*
*
*

Veranstaltungen

*
*
*
*
*
*
*

Notizen

*
*
*
*
*
*
*

Woche 1

Woche 2

Woche 3

Woche 4

Woche 5

Übersicht

MONATSPLANER

Monatsziele

*
*
*
*
*
*
*

Termine

*
*
*
*
*
*
*

Veranstaltungen

*
*
*
*
*
*
*

Notizen

*
*
*
*
*
*
*

Woche 1

Woche 2

Woche 3

Woche 4

Woche 5

Übersicht

MONATSPLANER

Monat

Monatsziele

*
*
*
*
*
*
*

Termine

*
*
*
*
*
*
*

Veranstaltungen

*
*
*
*
*
*
*

Notizen

*
*
*
*
*
*
*

Woche 1

Woche 2

Woche 3

Woche 4

Woche 5

Übersicht

MONATSPLANER

Monat

Monatsziele

*
*
*
*
*
*
*

Termine

*
*
*
*
*
*
*

Veranstaltungen

*
*
*
*
*
*
*

Notizen

*
*
*
*
*
*
*

Woche 1

Woche 2

Woche 3

Woche 4

Woche 5

Übersicht

MONATSPLANER

Monat

Monatsziele

*
*
*
*
*
*
*

Termine

*
*
*
*
*
*
*

Veranstaltungen

*
*
*
*
*
*
*

Notizen

*
*
*
*
*
*
*

	Woche 1
	Woche 2
	Woche 3
	Woche 4
	Woche 5

Übersicht

MONATSPLANER

Monat

Monatsziele

*
*
*
*
*
*
*

Termine

*
*
*
*
*
*
*

Veranstaltungen

*
*
*
*
*
*
*

Notizen

*
*
*
*
*
*
*

Woche 1

Woche 2

Woche 3

Woche 4

Woche 5

Übersicht

MONATSPLANER

Monat

Monatsziele

*
*
*
*
*
*
*

Termine

*
*
*
*
*
*
*

Veranstaltungen

*
*
*
*
*
*
*

Notizen

*
*
*
*
*
*
*

Woche 1

Woche 2

Woche 3

Woche 4

Woche 5

Übersicht

MONATSPLANER

Monat

Monatsziele

*
*
*
*
*
*
*

Termine

*
*
*
*
*
*
*

Veranstaltungen

*
*
*
*
*
*
*

Notizen

*
*
*
*
*
*
*

Woche 1

Woche 2

Woche 3

Woche 4

Woche 5

Übersicht

MONATSPLANER

Monat

Monatsziele

*
*
*
*
*
*
*

Termine

*
*
*
*
*
*
*

Veranstaltungen

*
*
*
*
*
*
*

Notizen

*
*
*
*
*
*
*

Woche 1

Woche 2

Woche 3

Woche 4

Woche 5

Übersicht

MONATSPLANER

Monatsziele

*
*
*
*
*
*
*

Termine

*
*
*
*
*
*
*

Veranstaltungen

*
*
*
*
*
*
*

Notizen

*
*
*
*
*
*
*

Woche 1

Woche 2

Woche 3

Woche 4

Woche 5

Übersicht

MONATSPLANER

Monat

Monatsziele

*
*
*
*
*
*
*

Termine

*
*
*
*
*
*
*

Veranstaltungen

*
*
*
*
*
*
*

Notizen

*
*
*
*
*
*
*

Woche 1

Woche 2

Woche 3

Woche 4

Woche 5

Übersicht

MONATSPLANER

Monat

Monatsziele

*
*
*
*
*
*
*

Termine

*
*
*
*
*
*
*

Veranstaltungen

*
*
*
*
*
*
*

Notizen

*
*
*
*
*
*
*

Woche 1

Woche 2

Woche 3

Woche 4

Woche 5

Übersicht

MONATSPLANER

Monat

Monatsziele

*
*
*
*
*
*
*

Termine

*
*
*
*
*
*
*

Veranstaltungen

*
*
*
*
*
*
*

Notizen

*
*
*
*
*
*
*

Woche 1

Woche 2

Woche 3

Woche 4

Woche 5

Übersicht

MONATSPLANER

Monatsziele

*
*
*
*
*
*
*

Termine

*
*
*
*
*
*
*

Veranstaltungen

*
*
*
*
*
*
*

Notizen

*
*
*
*
*
*
*

Woche 1

Woche 2

Woche 3

Woche 4

Woche 5

Übersicht

MONATSPLANER

Monat

Monatsziele

*
*
*
*
*
*
*

Termine

*
*
*
*
*
*
*

Veranstaltungen

*
*
*
*
*
*
*

Notizen

*
*
*
*
*
*
*

Woche 1

Woche 2

Woche 3

Woche 4

Woche 5

Übersicht

MONATSPLANER

Monatsziele

*
*
*
*
*
*
*

Termine

*
*
*
*
*
*
*

Veranstaltungen

*
*
*
*
*
*
*

Notizen

*
*
*
*
*
*
*

Woche 1

Woche 2

Woche 3

Woche 4

Woche 5

Übersicht

MONATSPLANER

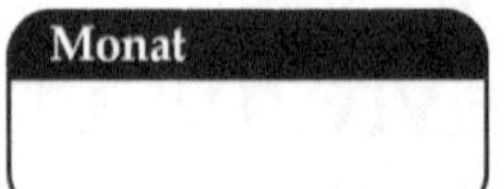

Monatsziele

*
*
*
*
*
*
*

Termine

*
*
*
*
*
*
*

Veranstaltungen

*
*
*
*
*
*
*

Notizen

*
*
*
*
*
*
*

Woche 1

Woche 2

Woche 3

Woche 4

Woche 5

Übersicht

MONATSPLANER

Monat

Monatsziele

*
*
*
*
*
*
*

Termine

*
*
*
*
*
*
*

Veranstaltungen

*
*
*
*
*
*
*

Notizen

*
*
*
*
*
*
*

Woche 1

Woche 2

Woche 3

Woche 4

Woche 5

Übersicht

MONATSPLANER

Monat

Monatsziele

*
*
*
*
*
*
*

Termine

*
*
*
*
*
*
*

Veranstaltungen

*
*
*
*
*
*
*

Notizen

*
*
*
*
*
*
*

Woche 1

Woche 2

Woche 3

Woche 4

Woche 5

Übersicht

MONATSPLANER

Monat

Monatsziele

*
*
*
*
*
*
*

Termine

*
*
*
*
*
*
*

Veranstaltungen

*
*
*
*
*
*
*

Notizen

*
*
*
*
*
*
*

Woche 1

Woche 2

Woche 3

Woche 4

Woche 5

Übersicht

MONATSPLANER

Monat

Monatsziele

*
*
*
*
*
*
*

Termine

*
*
*
*
*
*
*

Veranstaltungen

*
*
*
*
*
*
*

Notizen

*
*
*
*
*
*
*

Woche 1

Woche 2

Woche 3

Woche 4

Woche 5

Übersicht

Impressum

Books Schreiber
1150 Wien, Österreich
books.schreiber@gmail.com

Covergestaltung: Rene Schreiber
Auflage 1

Druck und Bindung: KDP Amazon

Printed in Poland

www.ingramcontent.com/pod-product-compliance
Lightning Source LLC
LaVergne TN
LVHW101924220826
846093LV00009B/362
* 9 7 8 1 0 8 9 7 4 2 6 8 5 *